LE
TRAITÉ D'ARBITRAGE FRANCO-ANGLAIS
DU 14 OCTOBRE 1903

PAR

A. MÉRIGNHAC

PROFESSEUR DE DROIT INTERNATIONAL PUBLIC A L'UNIVERSITÉ DE TOULOUSE

EXTRAIT DE LA *REVUE GÉNÉRALE DE DROIT INTERNATIONAL PUBLIC*

PARIS

A. PEDONE, Éditeur

LIBRAIRE DE LA COUR D'APPEL ET DE L'ORDRE DES AVOCATS

13, Rue Soufflot, 13

1903

LE
TRAITÉ D'ARBITRAGE FRANCO-ANGLAIS
DU 14 OCTOBRE 1903

PAR

A. MÉRIGNHAC

PROFESSEUR DE DROIT INTERNATIONAL PUBLIC A L'UNIVERSITÉ DE TOULOUSE

EXTRAIT DE LA *REVUE GÉNÉRALE DE DROIT INTERNATIONAL PUBLIC*

PARIS

A. PEDONE, ÉDITEUR

LIBRAIRE DE LA COUR D'APPEL ET DE L'ORDRE DES AVOCATS
13, Rue Soufflot, 13
—
1903

LE TRAITÉ D'ARBITRAGE FRANCO-ANGLAIS

DU 14 OCTOBRE 1903.

Depuis longtemps déjà les adeptes des doctrines pacifiques, si nombreux en France et en Angleterre, unis aux juristes qui préfèrent à la guerre les solutions par la voie du droit, poussaient à la conclusion d'un traité permanent d'arbitrage entre la France et l'Angleterre. A vrai dire, l'échec en 1897 d'un projet de traité pareil entre ce dernier pays et les États-Unis de l'Amérique du Nord (1) ne paraissait pas un précédent fort rassurant, bien que M. Barrows, membre de la Chambre des représentants de l'Union, eût pu déclarer, avec raison peut-être, devant la huitième Conférence interparlementaire réunie à Bruxelles en août 1897, que cet échec était dû à des questions de détail plutôt qu'à une opposition absolue de principes.

Quoi qu'il en soit, la France, à la suite des efforts tentés par des personnages qualifiés à des titres divers tels que M. Barclay, ancien Président de la Chambre de commerce britannique à Paris et M. d'Estournelles de Constant, Président du groupe parlementaire et d'arbitrage de la Chambre française des députés, a fini par se mettre d'accord avec la Grande-Bretagne, tandis que le projet entre celle-ci et les États-Unis semble encore bien loin de sa réalisation. Le traité signé à Londres à la date du 14 octobre 1903 par M. Cambon et lord Landsdowne, résultat tangible du voyage du groupe parlementaire français en Angleterre et de la visite à Paris et à Londres du Souverain anglais et du Président de la République française, est ainsi conçu :

« Le gouvernement de la République française et le gouvernement de Sa Majesté britannique, signataires de la convention pour le règlement pacifique des conflits internationaux conclue à la Haye le 29 juillet 1899 ; considérant que, par l'article 19 de cette convention, les Hautes Parties Contractantes se sont réservé de conclure des accords en vue du recours à l'arbitrage dans tous les cas qu'elles jugeront possible de lui soumettre ; ont autorisé les soussignés à arrêter les dispositions suivantes :

« ARTICLE 1er. — Les différends d'ordre juridique ou relatifs à l'interprétation des traités existant entre les deux Parties Contractantes qui viendraient à se produire entre elles et qui n'auraient pu être réglés par la voie diplomatique, seront soumis à la Cour permanente d'arbitrage éta-

---

(1) V. sur ce projet de traité, la *Revue générale de droit international public*, t. IV (1897), p. 418 et suiv.

blie par la convention du 29 juillet 1899, à la Haye, à la condition toutefois qu'ils ne mettent en cause ni les intérêts vitaux ni l'indépendance ou l'honneur des deux États contractants et qu'ils ne touchent pas aux intérêts de tierces puissances.

« Article 2. — Dans chaque cas particulier, les Hautes Parties Contractantes, avant de s'adresser à la Cour permanente d'arbitrage, signeront un compromis spécial déterminant l'objet du litige, l'étendue des pouvoirs des arbitres et les détails à observer en ce qui concerne la constitution du tribunal arbitral et la procédure.

« Article 3. — Le présent arrangement est conclu pour une durée de cinq années à partir du jour de la signature ».

I

Le traité d'arbitrage permanent dont on vient de lire le texte est donné comme une suite et une conséquence de l'article 19 de la convention pour le règlement pacifique des conflits internationaux conclue à la Haye le 29 juillet 1899. Ce texte est ainsi libellé : « Indépendamment des traités généraux ou particuliers qui stipulent actuellement l'obligation du recours à l'arbitrage par les puissances signataires, ces puissances se réservent de conclure, soit avant la ratification du présent acte, soit postérieurement, des accords nouveaux, généraux ou particuliers, en vue d'étendre l'arbitrage obligatoire à tous les cas qu'elles jugeront possible de lui soumettre ».

Ce texte a donné lieu à la Haye à une vive controverse : le projet présenté par la Russie à la Conférence stipulait que l'arbitrage serait obligatoire dans un certain nombre de cas déterminés. Il y avait là un progrès considérable au point de vue des idées pacifiques, que mettait très bien en relief la Note russe y jointe. On y lisait notamment ceci : « La reconnaissance de l'obligation de l'arbitrage, ne fût-ce que dans les limites les plus restreintes, affirmerait les principes du droit dans les rapports des nations.... : ce serait un moyen commode d'écarter les malentendus si nombreux, si gênants, quelquefois peu graves, qui entravent parfois sans aucune nécessité les relations diplomatiques. L'arbitrage obligatoire servirait d'une façon inappréciable la cause de la paix universelle ».

Mais l'Allemagne se retrancha dans une opposition irréductible, devant laquelle on dut s'incliner pour ne pas faire échouer la Conférence, et le principe de l'arbitrage obligatoire fut écarté. Déplorant l'échec de la proposition russe, nous écrivions en 1900 : « Grâce à l'opposition allemande, la Conférence a manqué l'un de ses buts principaux et échoué dans la réalisation de la plus originale et de la plus utilitaire des con-

ceptions dont elle avait été saisie... » (1). Quoi qu'il en soit, après avoir
fait entendre l'expression de regrets unanimes par l'organe de MM. Bour-
geois et de Karnebeek, les membres de la Conférence de la Haye se
sont ralliés au texte de l'article 19 qui semble au premier abord inutile,
car on ne voit pas trop pourquoi ses rédacteurs ont senti le besoin de
réserver une faculté qui était de droit et que personne ne contestait. Ce-
pendant, ne pouvant émettre un vote ferme pour consacrer l'arbitrage
obligatoire sans provoquer la désertion de l'Allemagne, ils ont tenu à
affirmer leur entente sur le point contesté d'une façon aussi officielle que
possible. Désormais l'arbitrage obligatoire figure dans un document
officiel, sinon à titre d'obligation ferme, du moins comme étant dans les
projets certains de la majorité des États.

Le traité franco-anglais est le premier traité d'arbitrage général fait en
application de l'article 19 ; il a donc, comme orientation générale, une
portée des plus considérables indépendamment de l'avantage particulier des deux contractants. Et le *Foreign Office*, en en publiant le texte,
a tenu à préciser ce rapport étroit entre l'accord intervenu et le principe
général de l'article 19, dans les termes suivants : « Cet accord est le
résultat d'un mouvement qui, on s'en souvient, a reçu récemment dans
les deux pays beaucoup d'encouragements, et qui tendait à affirmer,
d'une manière générale, le principe du recours à l'arbitrage dans tous
les cas où ce procédé serait commode et sans dangers ».

II

Arrivons maintenant à l'examen du traité lui-même. Il soumet, dans
son article 1er, à la Cour arbitrale de la Haye *les différends d'ordre juridique ou relatifs à l'interprétation des traités qui viendraient à se produire entre les parties contractantes*. Le choix de la Cour de la Haye est
on ne peut plus rationnel, et l'on doit se féliciter de voir enfin le méca-
nisme créé en 1899 envisagé comme juridiction de droit commun.
Jusqu'ici, sous l'empire de préoccupations inexplicables, on semblait se
méfier de la juridiction nouvelle ; on l'avait instituée, mais pratique-
ment on ne s'en servait pas. Il a fallu toute la force de volonté du Président Roosevelt, donnant ainsi un bel exemple aux chefs d'État européens,
pour que la Cour fût saisie de sa première cause qui n'avait pas une bien
grande importance, bien que soulevant des questions de détail délicates :
l'affaire du *Fonds pieux de Californie*. Eu égard au différend entre le Vénézuéla et certaines puissances européennes, ces dernières ont fait tout

---

(1) V. sur tous ces points notre ouvrage sur *La Conférence internationale de la Paix*,
1900, § 147 et suiv.

le possible pour écarter la compétence de la Cour ; et ici encore c'est le Président Roosevelt qui, en refusant la fonction arbitrale, a rendu le choix de cette Cour nécessaire. Encore, par une singulière contradiction, tout en ayant confiance en elle quoique à contre cœur pour certaines parties de ce même litige avec le Vénézuéla, les puissances intéressées ont cru devoir en enlever d'autres à sa juridiction. On avait protesté et avec raison contre l'ostracisme immérité dont était victime la Cour arbitrale ; l'opinion publique s'était nettement prononcée à plusieurs reprises contre la conduite des gouvernements européens, les mettant en demeure d'utiliser l'organe nouveau. Ces protestations, dont MM. d'Estournelles de Constant s'était fait l'interprète à la Chambre française, ont été enfin entendues, et l'on peut affirmer que désormais la Cour de la Haye va entrer dans les habitudes internationales comme juge de droit commun.

Spécialement, à propos de l'accord franco-anglais, on avait quelquefois songé à un choix d'arbitres fort compliqué et de nature à créer des difficultés politiques. Il en était ainsi notamment dans le projet de M. Barclay (1) ; mais celui-ci, dans les derniers temps, paraissait avoir renoncé à toute autre juridiction que celle de la Haye. Telles étaient également les conclusions du judicieux projet de M. Arnaud, Président du dernier Congrès de la paix tenu à Rouen il y a quelques mois, conclusions que le Congrès a ratifiées (2).

Il est question dans le traité des *différends d'ordre juridique ou relatifs à l'interprétation des traités, qui n'auraient pu être réglés par la voie diplomatique.* Ainsi, l'accord exclut les différends d'ordre *politique* qui ne sauraient, dit-on, rentrer dans la compétence des juges, car la règle de droit n'est faite que pour les différends où le droit est intéressé.

Nous ferons tout d'abord remarquer que la distinction entre les différends politiques et juridiques sera souvent bien malaisée à établir, et voilà pourquoi les auteurs se bornent en général à l'exposer, sans pouvoir, et pour cause, dire exactement où commence et où finit le différend politique. Ajoutons que, si le différend véritablement reconnu politique se plie quelquefois difficilement aux règles du droit pur, il se prêtera, au contraire, fort souvent à l'application des règles *de la justice,* à moins qu'on n'ait une raison cachée et mauvaise de ne vouloir, en aucun cas, recourir à l'arbitrage. Nous conseillerions donc, si l'on veut appliquer le compromis

---

(1) Ce projet s'inspirait principalement du projet non réalisé de traité d'arbitrage permanent entre les États-Unis et l'Angleterre. — Comp. ce que nous avons dit à ce sujet dans la *Revue du droit public et de la science politique en France et à l'étranger,* t. VIII, p. 305 et suiv.

(2) **V. sur ce Congrès la *Revue générale de droit international public*, t. X (1903), p. 817 et suiv.**

loyalement comme il convient, de n'invoquer que dans des cas très exceptionnels le caractère politique. M. Kamarowsky affirmait, dans cet ordre d'idées, que la juridiction internationale une fois organisée attirerait dans le cercle de ses attributions un nombre toujours croissant de litiges *même politiques*, en ajoutant que ces litiges lui paraissaient pouvoir être portés sur le terrain du droit, « *car les manières de voir excessivement subjectives des parties et leurs prétentions souvent exagérées seront amendées et mises au point par un examen impartial et juridique* » (1).

N'insistons pas, et ne cherchons pas à définir le différend politique opposé au différend juridique ; car les définitions tentées risqueraient d'être vaines, la chose se sentant mieux qu'elle ne se définit, ainsi qu'il a été dit pour l'ordre public. Bornons-nous à conseiller en cas d'insuccès des négociations directes le recours, sauf impossibilité absolue, à l'arbitrage qui mettra le plus souvent toutes choses au point voulu.

Nous avouons ne pas trop comprendre pourquoi on a ajouté les difficultés résultant de l'interprétation des traités à ce qui précède : ou elles sont juridiques, ou elles sont politiques ; donc il était absolument inutile de les mentionner d'une façon toute spéciale (V. pourtant l'article 16 de la convention de la Haye pour le règlement pacifique des conflits internationaux). Egalement la réserve que le différend n'aura pas été réglé par la voie diplomatique parait absolument inutile, car la chose va de soi. Avant de soumettre un procès à des juges les États aussi bien que les particuliers essayeront, s'ils sont sages, de négocier directement ; la tentative de conciliation précédera toujours l'instance. A ce compte on pourrait également réserver le recours à toutes les autres voies pacifiques que prévoit la convention de la Haye pour le règlement des conflits internationaux : bons offices, médiation (art. 2 à 7) ; médiation spéciale instituée par l'article 8 ; Commissions internationales d'enquête (art. 9 à 14) (2).

III

Les différends d'ordre juridiqué ne seront soumis à la Cour arbitrale que s'ils ne mettent pas en cause *les intérêts vitaux, l'indépendance ou l'honneur des deux États contractants*. On aurait pu, à la rigueur, se dispenser de cette énumération, car, dans tous ces cas, on peut affirmer qu'il y a une question *politique* déjà exclue du traité par la restriction antérieure. Et les auteurs qui ont écrit sur l'arbitrage font le plus souvent rentrer précisément dans les questions politiques celles qui

(1) *Le tribunal international*, traduction de Westman, p. 317.
(2) **V. sur tous ces points les détails donnés dans notre ouvrage précité aux §§ 128 et** suiv.

concernent les intérêts vitaux, l'honneur et l'indépendance. On a tenu
toutefois à préciser pour éviter toute équivoque. Et, en effet, en règle
générale les publicistes et la pratique des États excluent du champ du
compromis, si vaste qu'il soit, tout ce qui touche aux droits primordiaux,
aux intérêts vitaux des États ; c'était l'idée énoncée par M. Mancini à la
Chambre des députés italienne dans la séance du 24 novembre 1873. Et la
plupart des auteurs qui se sont préoccupés de la question se prononcent
en ce sens. Au paragraphe 182 de notre *Traité théorique et pratique de
l'arbitrage international* (1) nous avons cité, entre beaucoup d'autres,
MM. Renault, Rolin-Jaëquemyns, Carnazza-Amari, Geffcken, Rouard de
Card, Calvo, Olivi, Bry, Beelaerts van Blokland, Richard, Bonfils-Fau-
chille, Despagnet, de Neumann, de Martens et Dreyfus, qui considèrent
les compromis relatifs à l'indépendance, l'intégrité, l'existence et l'honneur d'un pays comme frappés d'une nullité semblable à celle qui attein-
drait la renonciation conventionnelle à un droit primitif. « On a fait
remarquer, ajoutions-nous, qu'il serait d'ailleurs impossible à un État,
alors même qu'il le voudrait, d'accepter un arbitrage sur une de ces
questions vitales. La pression du pays et le sentiment de l'amour-propre
national exerceraient une telle influence que le gouvernement qui si-
gnerait le compromis risquerait de crouler sous la tempête populaire... »

Nous avons, au contraire, soutenu la chose inverse et essayé de dé-
montrer que, dans tous les cas, l'arbitrage est possible au fond des
choses entre nations également animées de dispositions pacifiques et
également soucieuses de conformer leur conduite aux règles de la justice
et du droit, si l'on y recourt dès le début avant que les passions surexci-
tées rendent impossible toute solution amiable. Le plus souvent la guerre
faite au nom de l'honneur outragé sera inutile, si l'on se contente d'une
satisfaction digne et suffisante qui honorera autant celui qui l'offrira
que celui qui l'acceptera. Au surplus, les particuliers soumettent tous
les jours leurs griefs de ce genre à des jurys d'honneur ; et l'honneur
de l'État n'est-il point la réunion des honneurs privés des citoyens qui le
composent ? En ce qui concerne les atteintes dirigées contre l'existence
même d'un État qui ont été autrefois fréquentes, elles paraissent aujour-
d'hui bien chimériques ; et l'on ne voit guère, parmi les grandes puissances actuelles, quelle est celle qui pourrait les redouter. Au contraire,
elles menacent directement les petits États dans les conflits avec leurs
puissants voisins ; et, dans ce cas, l'arbitrage apparaît comme la seule
ressource de la puissance faible qui, livrée à ses propres moyens,
succombera fatalement. Et elle aura surtout à redouter de ne point

---

(1) Ouvrage paru en 1895 et récompensé en 1896 par l'Académie des sciences morales
et politiques.

trouver des arbitres en présence de la crainte qu'éprouveront le plus souvent les autres États de déplaire à son adversaire ; le Transvaal en a fait la dure expérience dans son conflit avec la Grande-Bretagne qui a abouti à la perte de son existence en tant qu'État. Le même raisonnement peut être fait relativement aux atteintes portées à l'intégrité, l'indépendance et la souveraineté. Ici encore, à notre époque, on ne conçoit guère de grande puissance faisant la guerre uniquement en vue de confisquer une partie du territoire d'une autre grande puissance, ou de porter atteinte à son indépendance et à sa souveraineté. Au contraire la supposition est loin d'être gratuite relativement aux rapports des grands et des petits États ; et nous rappellerons ici ce que nous venons de dire plus haut : à savoir qu'il est à craindre que ces derniers ne trouvent pas d'arbitres. Dans cet ordre d'idées, un juriste des plus distingués, M. de Holtzendorff, professeur à l'Université de Munich, membre de l'Institut de droit international, a pu affirmer, sans être contredit, que l'intérêt des pays neutralisés exige qu'on reconnaisse comme règle du droit des gens que toute contestation entre un État neutralisé et une puissance voisine sera vidée par voie d'arbitrage (1). Si l'on envisage donc uniquement les rapports des grands États on s'aperçoit que, le plus souvent, sous une question de dignité, d'intégrité ou d'indépendance mise en avant pour les besoins de la cause, se dissimule une autre querelle qu'on ne peut avouer. Et alors il ne s'agit plus de déférer à l'arbitrage des points concernant véritablement et directement les intérêts vitaux des États, mais d'empêcher les guerres à la suite desquelles ces intérêts recevront peut-être une sérieuse atteinte. Spécialement, les acquisitions territoriales par suite de conquête qui démembrent arbitrairement les États ne sont guère plus aujourd'hui possibles qu'à la suite d'une guerre entreprise pour d'autres motifs et que le vainqueur mis en appétit exploite au mieux de ses intérêts. En 1870, les Prussiens ne songeaient certainement pas à nous enlever l'Alsace et la Lorraine au moment de la déclaration de guerre, mais, une fois la victoire obtenue, ils en ont profité ; et, si un arbitrage intervenu avant toute hostilité avait réconcilié les parties que rien de sérieux ne divisait, que l'ambition d'un seul homme mettait aux prises, nous n'aurions pas aujourd'hui cette cause de conflit qui pèse d'un poids si lourd sur la situation européenne (2).

Quoi qu'il en soit des considérations qui précèdent, la réserve des cas

(1) *Revue de droit intern. et de lég. comp.*, t. VIII (1876), p. 32 et 33.

(2) V. pour plus de détails sur la discussion qui précède, notre *Traité théorique et pratique de l'arbitrage international*, aux §§ 184 et suiv., et notre *Conférence internationale de la Paix*, au § 145. — Comp. dans le sens indiqué au texte la thèse de M. Langlade soutenue à Toulouse en 1899 sous ce titre : *De la clause compromissoire et des traités d'arbitrage permanent*, p. 169 et suiv.

où l'honneur, l'existence, l'indépendance ou l'intégrité des États est en jeu est traditionnelle ; ce sont là ces questions essentiellement *politiques* dont il a été question ci-dessus ; et il faudra longtemps encore avant que la diplomatie consente à signer un traité d'arbitrage permanent sans réserve des intérêts qualifiés de vitaux. C'est seulement dans les rapports des petits États entre eux ou avec les grands que la réserve disparaît quelquefois (traités de 1872 entre le Costa-Rica, le Guatémala, le Honduras et le Salvador ; du 27 août 1883 entre le Salvador et le Vénézuéla ; des 4 juin 1886 et 12 mai 1888 entre la France, la Corée et l'Equateur ; projet de traité du 24 juillet 1883 entre l'Italie et la République argentine, etc.). Il convient de détacher tout particulièrement dans cet ordre d'idées le traité du 23 juillet 1898 entre l'Italie et la République argentine (1). Ce traité, bien que conclu entre une grande et une petite puissance, a une notable importance, car le contingent considérable d'immigration que l'Italie envoie annuellement à la République Sud américaine peut créer des questions juridiques ou politiques d'un intérêt capital et de nature à amener des conflits (2). D'autres traités ne réservent que les cas intéressant l'indépendance, l'autonomie et la souveraineté (traité du 5 juillet 1894 entre le Portugal et les Pays-Bas ; traité pan-américain de Washington du 18 avril 1890) (3).

IV

Le traité franco-anglais vise-t-il les litiges existant déjà au moment de sa conclusion ? Non, car l'article 1ᵉʳ ne concerne que les différends *qui viendraient à se produire* entre les parties contractantes. Dans ce sens le *Temps* du 16 octobre 1903 était d'avis que le texte ne s'appliquait qu'aux différends à naître, ce qui lui enlevait, ajoutait-il, de prime abord, tout caractère d'actualité. De là il résulte, par exemple, que l'Angleterre n'a nullement eu en vue de soumettre à la Cour arbitrale de la Haye la question d'Égypte, pour ne parler que de la plus importante des difficultés existant entre les parties contractantes. Toutefois, il faut interpréter la chose d'une manière large et nous sommes parfaitement d'avis avec le *Morning Post* et le *Standart* que le traité doit être appliqué à la question de Terre-Neuve. Ici, en effet, on se trouve en présence d'une situa-

---

(1) V. notamment, *La Conférence internationale de la paix*, § 145. — V. aussi la *Revue générale de droit international public*, t. V (1898), p. 868 et suiv. ; Corsi, *Un nouveau traité d'arbitrage permanent*, dans la *Revue générale de droit international public*, t. VI (1899), p. 9 et suiv.

(2) Les Italiens constitueraient d'après Elisée Reclus le tiers de l'immigration européenne dans l'Argentine (*Géographie universelle*, t. XIX, p. 758), et la proportion irait même jusqu'à 70 p. 100 d'après Daireaux (*La vie et les mœurs à la Plata*, Paris, 1888).

(3) Comp. notre traité précité de l'*Arbitrage*, § 202 et suiv.

tion toute spéciale des plus favorables : le 11 mars 1891, la France et l'Angleterre ont conclu un compromis déférant à l'arbitrage certains des points intéressant les pêcheries de Terre-Neuve et les droits à nous conférés sur l'île par les traités d'Utrecht et de Versailles. Les arbitres avaient été choisis et le jugement aurait été rendu depuis de longues années déjà si l'Angleterre n'avait pas eu le tort de plier devant les menaces des Terre-Neuviens élevant des difficultés contre le choix des arbitres ainsi que les pouvoirs à eux donnés et menaçant de rompre avec la Grande-Bretagne en proclamant l'indépendance si satisfaction ne leur était donnée. Dans ces conditions, les choses sont restées en l'état ; les empiétements des pêcheurs anglais sur les droits de nos concitoyens au *French Shore* ont continué à augmenter, rendant à ceux-ci la situation de plus en plus difficile (1). La ruine de l'industrie de la grande pêche porterait un coup funeste à nos populations maritimes et à la marine de guerre qu'on recrute parmi les pêcheurs du littoral ; il importe donc que cette situation cesse au plus tôt et que l'arbitrage de 1891 soit mené à bonne fin. On n'a même pas besoin d'appliquer ici le traité de 1903 ; il suffit de mettre a exécution le compromis intervenu qui n'a nullement perdu sa validité par son inexécution ; de nommer de nouveaux arbitres, ou simplement de remplacer ceux qui ne voudraient ou ne pourraient siéger, avec mandat de prononcer leur jugement dans les délais les plus rapprochés.

Ce point mis de côté puisqu'il y a déjà un traité d'arbitrage auquel il suffit de se conformer, il n'est pas douteux, comme nous le disions, que l'accord de 1903 ne vise pas les autres difficultés pendantes. Tout d'abord, la lettre même en est formelle ; et, d'autre part, quand les traités d'arbitrage veulent déférer aux arbitres les difficultés antérieures, ils s'en expliquent formellement pour éviter toute équivoque : ainsi l'article 5 du traité pan-américain de Washington ci-dessus cité dispose expressément que « tous les différends pendants ou futurs, même provenant de faits antérieurs au traité, seront soumis à l'arbitrage ». Il en est de même du traité italo-argentin du 23 juillet 1898 (art. 1ᵉʳ).

Le traité écarte formellement de ses stipulations le cas où les intérêts de tierces puissances seraient en jeu. Il est bien évident qu'une convention, en droit international aussi bien qu'en droit interne, ne peut ni profiter ni nuire aux tiers (2). C'est le cas de rappeler ici l'axiome juridi-

---

(1) V. pour les détails de ce compromis notre traité précité de *l'Arbitrage*, § 13 et suiv. V. aussi Paul Fauchille, *La question de Terre-Neuve*, dans la *Revue des Deux-Mondes* du 15 février 1899 ; Moncharville, *La question de Terre-Neuve*, dans la *Revue générale de droit international public*, t. VI (1899), p. 141 et suiv.

(2) En ce sens l'article 56, § 1, de la convention de la Haye sur le règlement pacifique

que : *res inter alios acta, aliis neque nocet neque prodest*. Si donc un litige entre deux États en intéressait également un troisième, l'arbitrage pourrait parfaitement se produire entre les deux puissances, mais *salvo jure tertii*; et le tiers serait en droit de tenir, en ce qui le concernerait, la sentence pour non avenue. Il est arrivé quelquefois que des puissances tierces, lésées par un compromis ou par une sentence arbitrale, ont protesté après coup ; mieux vaut donc, au préalable, se mettre d'accord avec toutes les puissances engagées dans le différend (1).

Après avoir, dans l'article 1er, dont nous venons de tracer le rapide commentaire, réglé les points de fond, l'accord de 1903 détermine, dans son article 2, les questions de forme. Les parties signent tout d'abord un compromis, dans lequel elles indiquent l'objet du litige et l'étendue des pouvoirs des arbitres. On a reproduit ici et tout naturellement le texte de l'article 31 de la convention de la Haye pour le règlement pacifique des conflits internationaux (2). Rien de plus nécessaire ; le contrat de compromis est en effet un contrat essentiellement de confiance, dans lequel sont bien précisés le point litigieux et la manière dont on veut que les arbitres procèdent. Faute d'indication suffisante, on aboutirait souvent à un insuccès de l'arbitrage, comme cela faillit arriver à propos de l'arbitrage de l'*Alabama* (3) ; et l'on risquerait de rendre la situation plus mauvaise qu'avant l'arbitrage en raison du froissement que provoquerait fatalement cet insuccès.

Le traité statue ensuite que le compromis déterminera les détails à observer eu égard à la constitution du tribunal et à la procédure. Cette dernière partie du texte était absolument inutile. En effet, du moment que, par l'article 1er, on soumettait tous les litiges à la Cour arbitrale de la Haye établie par la convention du 29 juillet 1899 sur le règlement pacifique des conflits internationaux, on renvoyait par là même aux articles 20 à 29 formant le chapitre II du titre IV de cette convention sous la rubrique *De la Cour permanente d'arbitrage*. Ces textes, dans l'examen desquels nous n'avons pas à entrer ici, indiquent, d'une façon

des conflits internationaux dit « que la sentence arbitrale n'es obligatoire que pour les parties qui ont conclu le compromis ».

(1) A rapprocher la disposition du paragraphe 2 de l'article 56 de la convention de la Haye, suivant lequel, lorsqu'il s'agit de « l'interprétation d'une convention à laquelle ont participé d'autres puissances que les parties en litige, celles-ci notifient aux premières le compromis qu'elles ont conclu. Chacune des puissances a le droit d'intervenir au procès. Si une ou plusieurs d'entre elles ont profité de cette faculté, l'interprétation contenue dans la sentence est également obligatoire à leur égard ».

(2) V. notre *Conférence internationale de la Paix*, § 171, et notre *Traité de l'arbitrage*, § 148 et suiv.

(3) V. sur cet arbitrage et les difficultés auxquelles il a donné lieu notre *Traité de l'arbitrage*, § 64 et suiv.

très précise, comment seront choisis, dans la Cour arbitrale, les membres du tribunal devant connaître spécialement du point litigieux (art. 24), et quel est le siège du tribunal (art. 25). D'autre part, dans le chapitre III du même titre IV consacré à la procédure arbitrale, sont établies aux articles 30 à 57, toutes les dispositions en lesquelles les membres du tribunal arbitral procéderont à l'instruction et au jugement de l'affaire (1). C'est donc à ces dispositions que le renvoi est de droit, sans que le compromis ait à intervenir, et surtout sans qu'il y ait à légiférer en ce qui les concerne. Toutefois, il est quelques points au sujet desquels les articles précités sont muets ou obscurs et incertains, par exemple relativement à la revision de la sentence, qui donna lieu à tant de discussions à la Haye, et sur laquelle les délégués finalement ont abouti à des propositions peu satisfaisantes contenues dans l'article 55 (2).

L'article 3 du traité en limite la durée à cinq années. Ce délai un peu bref doit être envisagé comme une sorte de période d'épreuve où l'on verra si les rapports franco-anglais peuvent réellement se prêter à un *modus vivendi* absolument pacifique. A la suite de cette période l'accord serait probablement renouvelé en ce cas pour une durée beaucoup plus longue, telle que le délai de vingt ans porté dans l'article 18 du traité pan-américain de Washington de 1890, ou celui de dix ans prévu par l'article 14 du traité italo-argentin du 23 juillet 1898. Peut-être aurait-on pu admettre la tacite reconduction, acceptée par les deux autres actes diplomatiques précités.

V

Tel est le traité permanent d'arbitrage anglo-français, première application de la convention de la Haye. Il constitue la reconnaissance officielle de la Cour arbitrale jusque-là systématiquement méconnue ou à peu près par les gouvernements signataires des conventions de 1899. La presse des deux États contractants lui a fait, en général, bon accueil ; mais il semble ou qu'elle n'en ait pas compris la portée exacte ou qu'elle ait voulu la diminuer de propos délibéré.

On a pu lire, en effet, dans les grands journaux des deux pays l'affirmation que cet acte diplomatique n'a aucune valeur pratique ; que c'est un instrument purement platonique qui, en somme, ne change rien à la situation antérieure, car il dépend uniquement du bon vouloir des deux États. On a donc rendu volontiers hommage à la portée *morale*

---

(1) V. sur les détails de la constitution du tribunal et de la procédure notre ouvrage sur la *Conférence internationale de la Paix*, aux §§ 161 et suiv., 170 et suiv.

(2) Comp. notre *Conférence internationale de la Paix*, au § 185 et la critique de l'article 55.

de l'accord franco-anglais ; on l'a accueilli comme un gage de paix, comme un pas nouveau dans la voie de l'arbitrage; mais on n'a pas attaché d'autre importance à ses stipulations.

Nous sommes loin de nier la haute portée morale de l'acte qui, pour la première fois, reconnaît, dans un traité permanent d'arbitrage, l'existence officielle de la Cour arbitrale. N'eût-il que cet effet, l'accord franco-anglais mériterait d'être salué avec joie par tous les partisans du progrès pacifique. Mais il va plus loin : il transforme en *arbitrage obligatoire* ce qui n'était et ne serait resté en dehors de lui que l'*arbitrage facultatif*. Voilà le point important qu'il convient nettement de dégager à propos de cet instrument diplomatique. Sans doute, les parties, si elles ne l'appliquent pas de bonne foi, lui échapperont souvent en alléguant le caractère politique du différend, en affirmant qu'il intéresse les intérêts vitaux, l'honneur, l'existence, la souveraineté et l'indépendance. Mais, tout d'abord, il est des cas où une pareille allégation ne supporterait pas l'examen, où l'on n'oserait même sérieusement la produire ; et, d'autre part, est-ce que tous les traités internationaux ne sont pas absolument dans la main des contractants qui ont, comme suprême ressource, la guerre pour échapper à leurs engagements les plus stricts. Or les traités internationaux sont en général exécutés de bonne foi ; pourquoi en serait-il autrement de l'accord de 1903 ? Cet aperçu met en lumière la portée réelle et considérable du nouvel arrangement franco-anglais ; c'est plus qu'une manifestation de sympathie ou d'*entente cordiale*, plus qu'une preuve platonique des intentions pacifiques ; c'est bel et bien un engagement juridique formel. Du reste, tous les autres pactes d'arbitrage permanent que l'on a considérés et que l'on considère comme obligatoires, tels par exemple que le traité pan-américain de Washington dont nous avons parlé ci-dessus, n'ont pas et ne pouvaient avoir plus de force que n'en a l'accord franco-anglais. Et il en sera ainsi de tous autres du même genre, signés à l'avenir, tant qu'on y insérera les clauses traditionnelles concernant l'honneur, l'existence, la souveraineté ou l'indépendance. C'est donc à bon droit que le groupe parlementaire français de l'arbitrage, s'applaudissant du résultat inespéré de son voyage à Londres, adressait, le 15 octobre dernier, par l'organe de son Président, M. d'Estournelles de Constant, au ministre français des affaires étrangères une lettre où, après lui avoir exprimé toutes ses félicitations, il ajoutait : « En confirmant expressément les engagements de la Haye, les gouvernements français et anglais répondent au vœu de tous les peuples. Leur initiative assure l'avenir du tribunal permanent de justice internationale créé en 1899, sur la généreuse proposition de notre alliée la Russie, par le mutuel consentement de vingt-six puissances. Un tel exemple ne peut manquer d'être suivi à bref délai, et le traité d'hier est une étape nouvelle qui nous rapproche du but le plus digne à nos yeux de la politique de notre temps : l'organisation de la paix ». Ces derniers mots correspondent à de sérieuses probabilités. Le traité du 14 octobre 1903 sera vraisemblablement le prélude d'autres traités permanents d'arbitrage. Pour n'envisager que ce qui concerne la France, la récente visite du Roi d'Italie et l'enthousiasme qu'elle a provoqué, rapprochée du projet de voyage en Italie du Président de la République française, amèneront très probablement la conclusion d'un accord franco-italien analogue à l'accord franco-anglais. Le traité de 1903, amendé comme il a été précisé dans les lignes qui précèdent, peut servir de modèle ; puis les autres peuples imiteront à leur tour l'exemple ; les projets de traités entre l'Angleterre, la Suisse et les États-Unis se transformeront en accords définitifs et seront suivis d'autres encore, notamment d'un traité entre la France et l'Espagne, qui peut et doit devenir l'une de nos meilleures alliées, car nous avons beaucoup d'intérêts communs et aucune cause de conflit. Et ainsi la Cour de la Haye qui eut tant de difficultés à s'établir deviendra peu à peu, comme nous l'avons cru depuis sa fondation, la juridiction de droit commun du monde civilisé.

Imp. J. Thevenot, Saint-Dizier (Haute-Marne).

REVUE GÉNÉRALE

DE

Droit International Publ

DROIT DES GENS — HISTOIRE DIPLOMATIQUE
DROIT PÉNAL — DROIT FISCAL — DROIT ADMINISTRATIF

PUBLIÉE PAR

Antoine PILLET | **Paul FAUCHILLE**
PROFESSEUR A LA FACULTÉ DE DROIT DE PARIS | AVOCAT, DOCTEUR EN DROIT
LAURÉAT DE L'INSTITUT DE FRANCE | LAURÉAT DE L'INSTITUT DE FRANCE

ASSOCIÉS DE L'INSTITUT DE DROIT INTERNATIONAL

SOUS LE PATRONAGE DE MM.

E. CLUNET
Avocat à la Cour d'appel
de Paris.

Ch.er E. DESCAMPS
Secrétaire général
de l'Institut de droit international.

L. FÉRAUD-GIRAU
Président honoraire à la Cour de c
sation de France.

T. FUNCK-BRENTANO
Professeur à l'Ecole des sciences
politiques.

G. GRIOLET
Maître des requêtes honoraire
au Conseil d'Etat.

G. HANOTAUX
de l'Académie française
Ancien ministre des aff.étr. de Fra

H. LAMMASCH
Professeur à l'Université
de Vienne.

E. LEHR
Secrétaire perpétuel hon. de l'Institut
de droit international.

C. LYON-CAEN
Membre de l'Institut de France
Professeur à la Faculté de droit de P

F. DE MARTENS
Professeur à l'Université
de Saint-Pétersbourg.

P. PRADIER-FODÉRÉ
Conseiller honoraire à la Cour d'appel
de Lyon.

L. RENAULT
Membre de l'Institut de France
Professeur à la Faculté de droit de P

A. SOREL
de l'Académie française
Prof. à l'Ecole des sciences politiques.

F. STOERK
Professeur à l'Université
de Greifswald.

A. VANDAL
de l'Académie française
Prof. à l'Ecole des sciences politiq

SECRÉTAIRES DE LA RÉDACTION

P. AVRIL, Docteur en droit ; — **L. BONZOM**, Docteur en droit; — **L. ROLLAND**, Docteur en droit

ABONNEMENT : 20 FRANCS PAR AN. — ÉTRANGER, 21 FR. 50

La **Revue générale de droit international public** en est à sa 11e année.
Une livraison spécimen sera adressée à toutes les personnes qui la demander

La **Revue générale de droit international public** paraît tous les deux
à partir du 1er février. — Elle contient : 1o des études de science pure et de
positif; — 2o la chronique des faits internationaux les plus récents ; — 3o
documents ; — 4o un bulletin bibliographique et la revue des périodiques f
çais et étrangers.

La **Revue générale de droit international public** est assurée de la c
boration de membres de l'Institut, de professeurs des Universités de Franc
de l'Etranger, de diplomates, de magistrats, d'avocats, de tous ceux, en un
qui désirent servir la cause du droit des gens. Aussi doit-on bien augurer de
avenir après l'accueil qu'elle a partout rencontré.